Klaus Lürbke und Niklas Thiemann

Volle Möhre Sauerland

= Ommas Küche de luxe =

WOLLVerlag

INHALTS*verzeichnis*

01 AUS DEM GARTEN

02 AUS DEM WASSER

03 AUS DEM STALL

Alle Gerichte sind für 4 Personen ausgelegt.

Frische und Qualität sind bis heute die wichtigsten Voraussetzungen für eine gelungene Mahlzeit, sei sie klassisch, rustikal oder edel-innovativ. Ohne Qualität und Frische geht nichts. Deshalb ist eigene Landwirtschaft natürlich schon mehr als die halbe Miete. Dazu kommt der Jäger des Vertrauens und der Fischwirt, der frischen Fisch aus den Sauerländer Gewässern beisteuert.

01 AUS DEM GARTEN

Vegetarische Variation
aus dem Garten

Möhrenscheiben:
200 g Möhren

Möhrenpüree:
200 g Möhren
1 kleine Zwiebel
Sternanis
1 Limette (ungespritzt)

Apfelragout:
1 Apfel
100 ml Apfelsaft

Gurkenragout:
½ Salatgurke
1 kleine Zwiebel

Gurkenröllchen:
½ Salatgurke

Limettenfrischkäse:
3 EL Rohmilch-Frischkäse
aus der Abtei Königsmünster
60 ml Sahne
1 Limette (ungespritzt)

Weitere Zutaten:
Salz, Pfeffer, Zucker
Speisestärke, Butter
1 Limette (ungespritzt)

Zubereitung Die Möhren schälen, in Scheiben schneiden, mit einer Prise Salz und Zucker würzen und 20 Minuten stehen lassen, bis sie Wasser verlieren. Einen Esslöffel Wasser hinzugeben und die Möhrenscheiben bei geringer Hitze im geschlossenen Topf 8 Minuten garen.
Für das Möhrenpüree die Möhren schälen und in feine Würfel schneiden. Die Zwiebeln ebenfalls würfeln und mit den Möhren zusammen in der Butter anschwitzen. Alles mit etwas Wasser auffüllen, eine Spitze vom Sternanis hinzugeben und so lange kochen, bis die Möhren weich sind. Den Sternanis nach dem Garen herausnehmen und alles mit einem Stabmixer pürieren. Das Püree durch ein feines Sieb streichen und mit Salz und Zucker abschmecken.
Den Apfel schälen und in feine Würfel schneiden. Den Apfelsaft mit etwas Zucker sowie Limettenabrieb aufkochen lassen. Speisestärke mit Wasser verrühren und den Apfelsaft damit abbinden. Danach die Apfelstücke hinzugeben und alles zusammen einmal aufkochen lassen.
Für das Gurkenragout die Gurke schälen und die Schale sowie ein Viertel der Gurke zusammen mit einem Stabmixer fein pürieren und durch ein Sieb streichen. Den Rest der Gurke vom Kerngehäuse befreien und in feine Würfel schneiden. Die Zwiebel würfeln und zusammen mit den Gurkenwürfeln in Butter anschwitzen. Den zuvor hergestellten Gurkensaft hinzugeben und einmal aufkochen lassen. Etwas Speisestärke mit Wasser verrühren, das Gurkenragout damit andicken und alles mit Salz, Zucker und Pfeffer abschmecken.
Für die Gurkenröllchen die Gurke ungeschält mit einem Küchenhobel in feine Streifen hobeln, in Salzwasser einmal kurz aufkochen lassen und auf ein Küchenpapier geben.
Den Rohmilch-Frischkäse mit Sahne, etwas Limettensaft und Limettenabrieb verrühren und mit Salz, Pfeffer und Zucker abschmecken.

Anrichten Das Möhrenpüree dünn mit einem Löffel auf den Teller streichen. Möhrenscheiben, Apfelragout und Gurkenragout auf das Püree setzen und die Gurkenbänder mit etwas Limettenfrischkäse bestreichen und zusammenrollen. Den restlichen Limettenfrischkäse auf den Teller geben.
Mein Tipp Alle Komponenten halten sich mindestens einen Tag im Kühlschrank. Also können Sie alles oder einen Teil schon am Vortag gut vorbereiten. Nehmen Sie alles mindestens eine Stunde vor dem Servieren aus dem Kühlschrank. So kann sich der Geschmack besser entfalten.

Vegetarische Variation

Hokkaido

Variationen vom Hokkaidokürbis
Suppe, Salat und Schwamm

Zubereitung Die Fleischbrühe wie im Rezept beschrieben zubereiten. Kürbis, Zwiebel, Knoblauch und Ingwer in kleine Würfel schneiden und in der Butter anschwitzen. Die Fleischbrühe angießen und die Sahne hinzugeben. Alles eine halbe Stunde köcheln lassen, bis der Kürbis weich ist. Die Suppe mit einem Stabmixer aufmixen und dabei das Kürbiskernöl langsam in die Suppe gießen. Mit Salz, Pfeffer und Zucker abschmecken und die Suppe durch ein feines Sieb geben.
Den Kürbis und die Möhren mit einer Reibe in Streifen hobeln, im Salzwasser aufkochen lassen, durch ein Sieb abschütten und mit kaltem Wasser abschrecken. Die Streifen mit Salz, Zucker, Kürbiskernöl und Aprikosenessig abschmecken und den gehackten Thymian hinzugeben.
Für den Kürbisschwamm den Kürbis in Salzwasser weichkochen, abschütten und mit einem Stabmixer sehr fein pürieren. Das Püree durch ein Sieb streichen. Die restlichen Zutaten mit einem Handmixer gut verrühren und das Kürbispüree zum Schluss mit unterrühren. Alles mit Salz und Zucker abschmecken. Die Masse in eine Espumaflasche geben und zwei Gaskapseln hinzufügen. Einen Plastikbecher (z.B. Joghurtbecher) zur Hälfte mit der Masse aus der Flasche füllen und für 40 Sekunden bei höchster Stufe in die Mikrowelle geben. Den Schwamm im Plastikbecher auskühlen lassen und dann vorsichtig herausnehmen.

Anrichten Zum Anrichten die Suppe in Gläser füllen und etwas geschlagene Sahne darauf geben. Den Salat auf Tellern anrichten, den Schwamm auseinanderbrechen und ebenfalls mit auf die Teller legen.
Mein Tipp Der Salat sollte ein paar Stunden vor dem Servieren hergestellt werden, damit er durchzieht und sich der Geschmack besser entfalten kann.

Kürbissuppe:
600 ml kräftige Fleischbrühe
(siehe Rezept S.12)
300 g Hokkaidokürbis
1 Zwiebel
1 Stk. Ingwer
1 Knoblauchzehe
200 ml Sahne
2 EL Kürbiskernöl
50 g Butter

Kürbis-Möhrensalat:
400 g Hokkaidokürbis
200 g Möhren
Aprikosenessig
Kürbiskernöl
1 Zweig Thymian

Kürbisschwamm:
3 Eier
20 g Mehl
2 EL Kürbiskernöl
20 ml Sahne
1 EL Backpulver
80 g Hokkaidokürbis

Weitere Zutaten:
Salz, Zucker, Pfeffer

Ommas Gemüseeintopf
mit Wurzelgemüse

Gemüseeintopf:
1,2 l kräftige Fleischbrühe
200 g Lauch
200 g Staudensellerie
200 g Möhre
12 Stk. Cherrytomaten

Weitere Zutaten:
1 kleines Bund Blattpetersilie
Salz

Zubereitung Die Fleischbrühe wie im Rezept beschrieben zubereiten. Dann die Rinderbeinscheiben für die Einlage in Würfel schneiden. Die Suppe mit Salz nachschmecken, Lauch, Möhre und Staudensellerie in Scheiben schneiden und in der Brühe garen.

Anrichten Gemüse und Fleisch auf die Teller verteilen und die Brühe angießen. Blattpetersilie und halbierte Cherrytomaten zum Schluss hinzugeben.

Kräftige Fleischbrühe
(ergibt etwa 1,2-1,5 l Brühe)

Zutaten:
3 Rinderbeinscheiben (ca. 200 g)
400 g Suppengrün (Sellerie, Möhre, Lauch, Zwiebel)

Zubereitung Die Rinderbeinscheiben in einen Topf geben, mit 2,5 Liter Wasser auffüllen und aufkochen lassen. Den Schaum, der sich an der Oberfläche bildet, mit einer Kelle entfernen. Nach dem Aufkochen Suppengrün, 2 Lorbeerblätter und Salz hinzugeben. Alles bei geringer Hitze 2 Stunden leicht köcheln lassen. Die Suppe durch ein Sieb geben.

Gemüseeintopf

Kartoffel Suppe

Kartoffelsuppe
mit Mettwurstchip

Zubereitung Kartoffeln und Möhren schälen und in der Fleischbrühe kochen. Ein Drittel der Kartoffeln und die Möhren herausnehmen und für die Einlage in Würfel schneiden. Die restlichen Kartoffeln ebenfalls aus der Brühe nehmen und mit einer Kartoffelpresse wieder in die Brühe pressen. Die Sahne zugießen, die Einlage wieder hinzugeben und mit Salz abschmecken.
Die Mettwurst in dünne Scheiben schneiden und in einer Pfanne mit etwas Sonnenblumenöl leicht anbraten.
Majoranblättchen abzupfen und hacken.

Anrichten Die Mettwurstchips auf warme tiefe Teller verteilen und mit der Suppe auffüllen. Mit dem frisch gehackten Majoran bestreuen.

Kartoffelsuppe:
1,2 l kräftige Fleischbrühe
(siehe Rezept S. 12)
400 g Kartoffeln
(mehlig kochend)
200 g Möhren
300 g Mettwurst
200 ml Sahne
1 Zweig Majoran

Weitere Zutaten:
Lorbeerblatt
Salz
Sonnenblumenöl

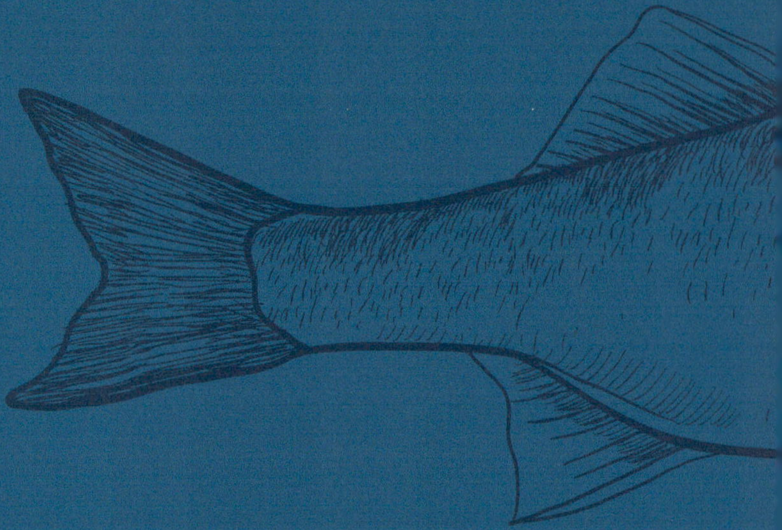

Das Sauerland hat nicht nur 1000 Berge, sondern auch etliche Talsperren, Flüsse und Bäche. Auch hier findet der Koch leckere Anregungen, etwa beim Möhnezander oder dem Bachsaibling. Da lacht das Herz des Feinschmeckers …

02 AUS DEM WASSER

Gebeizte Lachsforelle
Geräucherte Forelle
Möhnezander mit gebratener Blutwurst
Bärlauchsuppe
Pochiertes Bachsaiblingfilet
Möhnebarsch mit Sommerkräutern gefüllt

Gebeizte Lachsforelle
mit Staudensellerie-Apfel-Salat Honig-Senf-Eis und Selleriestroh

Gebeizte Lachsforelle:
2 Lachsforellenfilets (ca. 250 g)
200 g grobes Meersalz
100 g Zucker
1 Zitrone (ungespritzt)
1 Zweig Dill
6 Wacholderbeeren
2 Lorbeerblätter
50 g Olivenöl

Staudensellerie-Apfel-Salat:
600 g Staudensellerie
200 g Apfel
Apfelessig
Olivenöl

Honig-Senf-Eis:
100 ml Sahne
50 ml Milch
6 EL Riffelmanns Süße Sauerländerin (Honig-Senf)
3 Eigelb
200 g Knollensellerie

Weitere Zutaten:
Salz, Zucker, Pfeffer
Sonnenblumenöl

Zubereitung Salz und Zucker in einer Schüssel gut miteinander vermengen. Den Dill hacken, Wacholderbeeren und Lorbeerblätter in einen Mörser geben, leicht zerstoßen und alles zum Salz-Zucker-Gemisch geben. Einen Teil der Mischung in eine Auflaufform schütten und die Lachsforellenfilets darauflegen. Mit dem Rest der Mischung den Fisch komplett bedecken. Die Zitrone in Scheiben schneiden und um den Fisch herum verteilen.
Den Fisch im Kühlschrank für 24 Stunden beizen lassen. Dann mit kaltem Wasser abwaschen, gut trocken tupfen und mit etwas Olivenöl bestreichen.
Den Staudensellerie in feine Streifen schneiden und die oberen, grünen Blätter fein hacken. Den Apfel in feine Würfel schneiden und zum Sellerie hinzugeben. Alles mit Salz, Zucker, Apfelessig und Olivenöl abschmecken.
Milch, Sahne und Honig aufkochen lassen und vom Herd nehmen.
Das Eigelb in eine Schüssel geben, mit einer Prise Zucker und Salz würzen und alles mit einem Schneebesen verrühren. Nach und nach die warme Honigmilch dazugeben und dabei kräftig rühren. Die Masse nochmals unter ständigem Rühren erhitzen, bis sie dicklich wird. Sie darf nicht mehr kochen, damit das Ei nicht gerinnt.
Anschließend den Honig-Senf hinzugeben und alles mit Salz und Pfeffer abschmecken. Die Masse in eine Eismaschine füllen und gefrieren lassen.
Knollensellerie in feine Streifen schneiden, in Mehl wenden und im heißen Sonnenblumenöl goldbraun ausbacken. Das Selleriestroh auf ein Küchenpapier geben und leicht salzen.

Anrichten Den Salat auf die Teller verteilen und die Lachsforelle darauflegen. Das Eis zu einer Kugel formen und neben den Fisch legen. Das Selleriestroh oben auf dem Fisch verteilen.
Mein Tipp Falls keine Eismaschine vorhanden ist, können Sie das Eis auch in eine Form geben und im Gefrierfach einfrieren. Es muss dann etwa eine Stunde vor dem Servieren in den Kühlschrank gestellt werden, damit es formbar wird.

Lachsforelle

Geräucherte Forelle

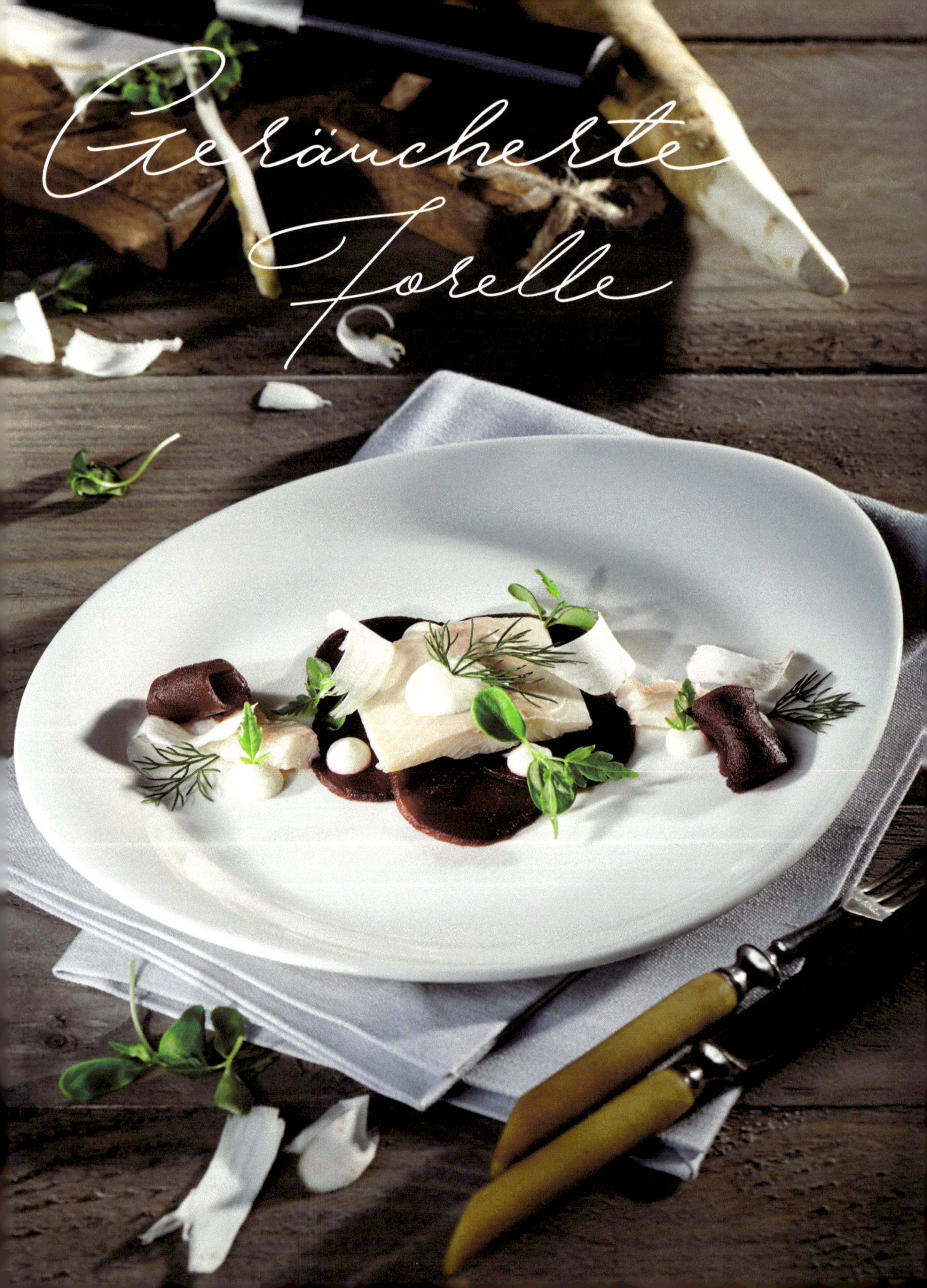

Geräucherte Forelle
mit Rote-Beete-Carpaccio und Meerrettich

Zubereitung Die Rote Beete gründlich waschen, mit der Schale im Salzwasser gar kochen und nach dem Abkühlen schälen. Dann die Rote Beete in feine Scheiben schneiden. Die Scheiben mit Salz, Zucker, Limettensaft, Limettenabrieb und Olivenöl marinieren und ca. 1 Stunde durchziehen lassen.
Den frischen Meerrettich mit einer Reibe fein reiben und mit der geschlagenen Sahne vermischen. Alles mit Salz, Pfeffer und Zucker abschmecken.

Anrichten Die Rote-Beete-Scheiben auf die Teller legen und das Forellenfilet daraufgeben. Die Meerrettichsahne mit einem Spritzbeutel auf die Teller tupfen. Ein Teil des Meerrettichs mit einem Sparschäler fein hobeln und über dem Gericht verteilen. Alles mit Dillspitzen und Kresse garnieren.

4 geräucherte Forellenfilets

Rote-Beete-Carpaccio:
400 g Rote Beete
1 Limette (ungespritzt)

Meerrettichsahne:
40 g frischer Meerrettich
200 ml Sahne

Weitere Zutaten:
Salz, Zucker, Pfeffer
Olivenöl
Dill
Kresse

Möhnezander und gebratene Blutwurst

auf Kartoffel-Kräuter-Püree und Honig-Senf-Dip

2 Zanderfilets
400 g hausgemachte Blutwurst vom Landgasthof Hoffmann

Kartoffel-Kräuter-Püree:
600 g Kartoffeln (mehlig kochend)
100 ml Sahne
100 g Butter
1 kleines Bund Schnittlauch
1 kleines Bund Petersilie
1 Zweig Thymian
1 Zweig Liebstöckel

Honig-Senf-Dip:
2 EL Schmand
2 EL Mayonnaise
1 EL Senf
1 EL Honig
1 Zweig Dill

Weitere Zutaten:
Salz, Pfeffer, Muskat
Mehl

Zubereitung Die Blutwurst in Scheiben schneiden und in einer Pfanne von beiden Seiten, ohne Zugabe von Fett, kross anbraten. Die Blutwurst aus der Pfanne herausnehmen, das Zanderfilet mit Salz und Pfeffer würzen, in Mehl wenden und in dem Fett, das die Blutwurst beim Braten verloren hat, von beiden Seiten anbraten, bis es gar ist.
Die Kartoffeln schälen und in Salzwasser kochen. Dann die Kartoffeln heiß durch eine Kartoffelpresse geben und mit Sahne und Butter verrühren. Die Kräuter fein hacken und zum Kartoffelpüree geben. Alles mit Salz und Muskat abschmecken.
Schmand, Mayonnaise, Senf und Honig miteinander verrühren und mit Salz, Pfeffer und Zucker abschmecken. Den Dill hacken und zum Schluss mit unterheben.

Anrichten Kartoffelstampf in einem Ring anrichten, dann Blutwurst und Zander darauflegen. Den Honig-Senf-Dip mit auf die Teller geben.
Mein Tipp Der Honig-Senf-Dip lässt sich gut am Vortag zubereiten.

Möhnezander
Blutwurst

Bärlauch und Hecht

Bärlauchsuppe
mit gebratenem Sorpesee-Hecht

Zubereitung Die Fleischbrühe wie im Rezept beschrieben zubereiten. Den Bärlauch fein hacken und zusammen mit der Sahne zu der Suppe geben. Alles mit einem Stabmixer fein pürieren. Etwas Speisestärke mit Wasser verrühren, damit die Suppe leicht abbindet und mit Salz und Pfeffer abschmecken.
Das Hechtfilet von beiden Seiten mit Salz und Pfeffer würzen und in Mehl wenden. Den Hecht in einer Pfanne von beiden Seiten goldgelb anbraten, bis er gar ist.

Anrichten Die Suppe in tiefe Teller gießen und etwas geschlagene Sahne daraufgeben. Den Hecht auf einen separaten Teller legen oder mit in der Suppe servieren.

Bärlauchsuppe:
1,2 l kräftige Fleischbrühe
(siehe Rezept S. 12)
200 ml Sahne
100 g frischer Bärlauch
800 g Hecht

Weitere Zutaten:
Salz
Pfeffer
Mehl
Sonnenblumenöl
Speisestärke

Pochiertes Bachsaiblingfilet

aus der Ruhr mit Gewürzbutter, Grießschnitte und Wildkräutersalat mit Melonen-Chili-Dressing

8 Bachsaiblingfilets

Für den Pochiersud:
200 ml Weißwein
1 kleine Zwiebel
1 Knoblauchzehe
Salz, 1 Lorbeerblatt,
2 Wacholderbeeren

Gewürzbutter:
120 g Butter
2 Wacholderbeeren
Nelke, Zimt, Petersilie,
Dill, Thymian
1 Chilischote

Grießschnitte:
125 g Maisgrieß (Polenta)
50 g Butter
50 g Parmesan

400 g Wildkräutersalat

Melonen-Chili-Dressing:
4 EL Apfelessig
6 EL Olivenöl
1 EL Senf
2 Chilischoten
200 g Kantalupmelone

Weitere Zutaten:
Salz, Pfeffer, Zucker
Sonnenblumenöl

Zubereitung Knoblauch und Zwiebel schälen und in grobe Stücke schneiden. 1 Liter Wasser mit Salz, Weißwein, Knoblauch, Zwiebel, Wacholderbeeren und Lorbeerblättern zum Kochen bringen.
Die Saiblingfilets in den Sud legen und alles bei schwacher Hitze 5 bis 6 Minuten ziehen lassen.
Die Butter bei kleiner Hitze in einem Topf auflösen lassen. Kräuter, Chilischote und Wacholderbeeren fein hacken und mit den restlichen Gewürzen zu der Butter geben. Wenn die Butter wieder fest wird, mit einem Handmixer kräftig aufschlagen. Dann die Butter in Klarsichtfolie zu einer Rolle formen und für eine Stunde in den Kühlschrank geben.
Für die Grießschnitte 500 ml leicht gesalzenes Wasser zum Kochen bringen und den Grieß unter ständigem Rühren langsam ins Wasser geben. Bei schwacher Hitze 30 Minuten köcheln lassen und ab und zu umrühren. Butter und geriebenen Parmesan hinzugeben und alles mit Salz und Pfeffer abschmecken. Masse auf einem Backblech ca. 1 cm dick verstreichen und für eine Stunde in den Kühlschrank geben. Die Grießschnitte in gleichmäßige Stücke schneiden und in Sonnenblumenöl von beiden Seiten anbraten.
Aus der Melone mit einem Kugelausstecher pro Person 4 Kugeln ausstechen und beiseitestellen. Den Rest der Melone in grobe Stücke schneiden. Essig, Salz, Zucker und Senf mit einem Stabmixer aufmixen. Die Melonenstücke und die gehackten Chilischoten mit dazugeben und alles sehr fein pürieren. Zum Schluss das Olivenöl langsam hinzugeben und mixen, bis das Dressing dickflüssig ist.

Anrichten Die Grießschnitte auf die Teller geben und die Saiblingfilets darauflegen. Den Wildkräutersalat mit den Melonenkugeln vermischen, mit dem Dressing marinieren und danebenlegen. Die Gewürzbutter in Scheiben schneiden und zum Fisch geben.

Bachsaibling

Möhnebarsch
Sommerkräuter

Möhnebarsch, mit Sommerkräutern gefüllt

Zitronenbutter, geschmorte Gurken und Röstkartoffeln

Zubereitung Den Backofen auf 140 °C Umluft vorheizen. Die Barsche mit kaltem Wasser abspülen, mit einem Küchenpapier trocken tupfen, von innen und außen mit Salz und Pfeffer würzen und die Kräuter in die Bauchhöhle stecken. Auf ein mit Backpapier ausgelegtes Blech legen, mit Sonnenblumenöl beträufeln und für ca. 30 Minuten in den Backofen geben. Der Fisch ist gar, wenn sich die Rückenflosse leicht herausziehen lässt.
Die Kartoffeln schälen und in Salzwasser kochen. Dann die Kartoffeln in Scheiben oder Würfel schneiden und in Sonnenblumenöl knusprig anbraten. Kurz vor Schluss einen Stich Butter hinzugeben und alles mit Salz und Pfeffer würzen.
Die Zitrone heiß abwaschen, die Schale fein abreiben und den Saft auspressen. Die Butter bei mittlerer Hitze schmelzen lassen bis sie sich vollständig aufgelöst und sich die Molke am Boden abgesetzt hat. Das Butterschmalz vorsichtig abschöpfen, sodass die Molke im Topf zurückbleibt. Zitronensaft, Zitronenabrieb und Salz zugeben.
Die Gurke der Länge nach vierteln, die Kerne entfernen und die Gurke in Würfel schneiden. Die Zwiebel ebenfalls in feine Würfel schneiden, im Olivenöl leicht anschwitzen. Dann die Gurkenwürfel hinzugeben und alles 2 Minuten schmoren lassen. Zum Schluss alles mit Salz, Pfeffer und Dill abschmecken.

Anrichten Schmorgurken und Röstkartoffeln auf Tellern anrichten, die Fische auflegen und mit etwas Zitronenbutter begießen.

4 Barsche (ca. 300 g pro Stück)
je ein kleines Bund Petersilie, Rosmarin, Dill, Thymian

Röstkartoffeln:
800 g Kartoffeln (festkochend)

Zitronenbutter:
120 g Butter
1 Zitrone (ungespritzt)

Geschmorte Gurken:
1 Salatgurke
1 kleine Zwiebel
1 Bund Dill

Weitere Zutaten:
Salz, Pfeffer
Sonnenblumenöl
Olivenöl
Butter

*Jede Landschaft oder Region in Deutschland definiert sich über ihre Kultur.
Das Sauerland definiert sich ausserdem über seine Landwirtschaft und seine Tiere im Speziellen.
Freilaufende Hühner, Kühe, die echtes Gras fressen, und Schweine, die Tageslicht sehen. Den Tieren geht es hier gut. Sie gehören zum Landschaftsbild dazu und liegen uns Menschen am Herzen.*

03 AUS DEM STALL

Rückwärts gegarter Kalbstafelspitz

mit getrockneten Tomaten, Tomaten-Crème-fraîche und Kräutererde

1 Kalbstafelspitz (ca. 800 g)

Getrocknete Tomate:
20 Stk. Cherrytomaten

Tomaten-Crème fraîche:
200 g Crème fraîche
2 Strauchtomaten
2 EL Tomatenmark
1 kleine Zwiebel
1 Knoblauchzehe
1 Zweig Rosmarin

Kräutererde:
60 g Semmelbrösel
1 kleine Zwiebel
1 kleines Bund Liebstöckel
1 kleines Bund Blattpetersilie
1 Zweig Basilikum

Weitere Zutaten:
Salz, Pfeffer, Zucker
Sonnenblumenöl, Olivenöl

Zubereitung Den Tafelspitz von Fett und Sehnen befreien und bei 85 °C Umluft für 90 Minuten im Ofen garen. Anschließend den Tafelspitz mit Salz und Pfeffer würzen und im Sonnenblumenöl von beiden Seiten anbraten.
Die Tomaten halbieren und auf ein Backblech legen. Mit Salz leicht würzen und für ca. drei Stunden bei 85 °C Umluft in den Backofen geben.
Zwiebeln und Knoblauch in feine Würfel schneiden und mit dem gehackten Rosmarin in Olivenöl anschwitzen. Die Strauchtomaten würfeln und zusammen mit dem Tomatenmark in die Pfanne geben. Alles einmal aufkochen lassen und mit einem Stabmixer pürieren. Die Tomatenmasse durch ein Sieb geben und auskühlen lassen. Crème fraîche hinzugeben und mit Salz, Pfeffer und Zucker abschmecken.
Die Zwiebel in Würfel schneiden, im Olivenöl anschwitzen und zusammen mit den Semmelbröseln und den Kräutern in einer Küchenmaschine fein hacken. Die Kräutererde zum Trocknen auf einem Backblech verteilen und für 15 Minuten zu dem Tafelspitz und den Tomaten in den Backofen geben.

Anrichten Den Tafelspitz in Würfel schneiden, mit grobem Meersalz würzen. Tomaten-Crème-fraîche auf die Teller geben und die Tafelspitzwürfel darauflegen. Getrocknete Tomaten und Kräutererde um den Tafelspitz verteilen.

Mein Tipp Die getrockneten Tomaten und die Kräutererde halten sich in einem geschlossenen Gefäß im Kühlschrank mindestens eine Woche.

Kalbstafelspitz

Krüstchen
de luxe

Sauerländer Krüstchen
de luxe

Zubereitung Den Backofen auf 130 °C Umluft vorheizen. Das Schweinefilet von Fett und Sehnen befreien, mit Salz und Pfeffer würzen und in der Pfanne von allen Seiten in Sonnenblumenöl anbraten. Dann das Schweinefilet für ca. 30 Minuten in den Backofen geben.
Mit einem runden Ausstecher aus der Mitte der Brotscheiben 4 Taler ausstechen und diese in der Pfanne im Sonnenblumenöl anbraten bis sie braun und knusprig sind. Den Rest des Brotes in feine Würfel schneiden und mit den fein gehackten Zwiebeln und dem gehackten Knoblauch in der Butter anbraten. Sahne und Milch hinzugeben, mit Salz und Pfeffer abschmecken und alles mit einem Stabmixer sehr fein mixen.
Die Blätter vom Blattsalat abzupfen und waschen. Die hellen Blätter aus der Mitte zur Seite legen. Die restlichen Blätter für 30 Sekunden in Salzwasser blanchieren und direkt in kaltes Wasser geben. Den Geflügelfond mit der Sahne aufkochen und mit etwas Speisestärke leicht binden. Dann die blanchierten Salatblätter zu der Soße geben, mit einem Stabmixer fein pürieren und mit Salz, Pfeffer und einer Prise Zucker abschmecken.
Die Wachteleier in einer Pfanne braten.

Anrichten Die Roggenbrottaler auf die Teller geben und die Schweinefilets darauflegen. Wachteleier mit auf die Teller geben und die Brotcreme als Tupfer drum herum verteilen. Die Kopfsalatsoße angießen und die Salatherzen in die Brotcreme stecken.

4 Schweinefilets

Roggenbrottaler und Roggenbrotcreme:
4 Scheiben Roggenbrot
20 g Butter
1 kleine Zwiebel
200 ml Sahne
200 ml Milch
1 Knoblauchzehe
8 Wachteleier

Kopfsalatsoße:
1 ganzer Kopfsalat
200 ml Gemüsebrühe aus dem Glas
100 ml Sahne

Weitere Zutaten:
Salz, Pfeffer
Sonnenblumenöl
Speisestärke

Lammrücken mit Rosmarinsoße

Pistazienerde, Dicke Bohnen und Kartoffel-Lauch-Gratin

Lammrücken mit Rosmarinsauce:
4 Stück Lammrücken mit Knochen (je 250 – 300 g)
600 ml Kalbsfond a. d. Glas
300 g Röstgemüse (Sellerie, Möhre, Lauch, Zwiebel)
200 ml Rotwein
2 Knoblauchzehen
2 EL Tomatenmark
1 Zweig Rosmarin

Pistazienerde:
200 g gesalzene Pistazien

Dicke Bohnen:
600 g Dicke Bohnen
1 kleine Zwiebel
200 g durchwachsener Speck
50 g Butter
1 Zweig Bohnenkraut

Kartoffel-Lauch-Gratin:
600 g Kartoffeln
200 g Lauch
200 ml Sahne
150 g geriebener Käse

Weitere Zutaten:
Salz, Pfeffer
Sonnenblumenöl
Speisestärke

Zubereitung Den Ofen auf 140 °C Umluft vorheizen. Das Röstgemüse putzen und in etwa 2 cm große Stücke schneiden. Den Lammrücken vom Fett befreien und vom Knochen ablösen. Die dabei angefallenen Abschnitte in Sonnenblumenöl in einem Bräter anbraten und das Röstgemüse mit dazugeben.
Wenn alles kräftig angeröstet ist, Knoblauch und Tomatenmark mit anrösten lassen. Mit Rotwein ablöschen und den Kalbsfond angießen.
Die Soße 2 Stunden lang bei kleiner Hitze köcheln lassen und durch ein Sieb geben. Die Speisestärke mit Wasser verrühren, die Soße leicht andicken und mit Salz, Pfeffer und gehacktem Rosmarin abschmecken.
Den Lammrücken mit Salz und Pfeffer würzen, in einer Pfanne von allen Seiten anbraten und für 15 bis 20 Minuten im Ofen garen.
Die gesalzenen Pistazien aus der Schale lösen, in einer Pfanne ohne Fett rösten, in eine Küchenmaschine geben und ganz fein hacken.
Die frischen Dicke Bohnen von der Außenhülle befreien und 5 Minuten im Salzwasser blanchieren. Speck und Zwiebel in feine Würfel schneiden, in der Butter anschwitzen, die Dicke Bohnen mit hinzugeben und alles mit Salz, Pfeffer und dem gehackten Bohnenkraut würzen.
Die Kartoffeln schälen, in dünne Scheiben hobeln, den Lauch in Scheiben schneiden und alles abwechselnd in eine Auflaufform schichten.
Die Sahne kräftig mit Salz würzen und mit in die Auflaufform geben.
Alles mit geriebenem Käse bestreuen und für 45 Minuten bei 140 °C Umluft in den Backofen geben.

Anrichten Den Lammrücken halbieren und die Schnittseite mit der Pistazienerde bestreuen. Die Soße auf die Teller gießen, den Lammrücken und die dicken Bohnen mit auf die Teller geben. Das Gratin rund ausstechen und ebenfalls mit anrichten.
Mein Tipp Falls keine frischen Dicke Bohnen zu bekommen sind, können auch die aus dem Glas verwendet werden. Diese Bohnen sind bereits geschält und gekocht. Wie auf dem Foto kann das Gericht auch auf einer Salzplanke angerichtet werden. Dann sollten die Speisen allerdings etwas weniger gesalzen werden.

Lammrücken

Keule und Rücken

Kaninchenkeule und -rücken
mit Schwarzbrotkruste, Kartoffel-Lauch-Talern, gebratenem Lauch und Preiselbeeren

Zubereitung Das Röstgemüse putzen und in etwa 2 cm große Stücke schneiden. Die Kaninchenkeulen mit Salz und Pfeffer würzen und im Sonnenblumenöl in einem Bräter scharf anbraten. Das Röstgemüse mit anbraten, alles mit Rotwein ablöschen und den Kalbsfond angießen.
Die Kaninchenkeulen für eine Stunde im geschlossenen Topf bei kleiner Hitze köcheln lassen. Dann die Keulen herausnehmen und die Soße durch ein Sieb geben. Die Speisestärke mit etwas Wasser verrühren, die Soße leicht andicken und mit Salz und Pfeffer abschmecken.
Die Kaninchenrückenfilets von Fett und Sehnen befreien, mit Salz und Pfeffer würzen, in einer Pfanne von allen Seiten in Sonnenblumenöl anbraten und zur Seite legen.
Das Schwarzbrot mit einer Küchenmaschine sehr fein hacken, mit der Butter und den Semmelbröseln vermischen und alles mit Salz, Pfeffer und dem gehackten Thymian abschmecken. Die Kruste auf die Kaninchenrücken verteilen und diese auf ein Backblech geben. Beim Ofen die Grillfunktion einstellen und das Backblech auf der obersten Schiene in den Backofen geben. Nach 1 bis 2 Minuten ist die Kruste braun und die Kaninchenrücken können aus dem Ofen genommen werden.
Die Kartoffeln schälen und mit einer Reibe zu feinen Streifen verarbeiten. Den Lauch in dünne Scheiben schneiden und zu den Kartoffeln geben. Ei, Mehl und Haferflocken untermischen und mit Salz, Pfeffer und Muskat abschmecken. Die Masse zu kleinen Talern formen und in einer Pfanne gold-gelb anbraten.
Den Lauch in fingerdicke Scheiben schneiden, waschen und zwei Minuten in Salzwasser blanchieren. Den Lauch auf ein Küchenpapier geben, gut abtropfen lassen, in Butter anbraten und mit Salz und Pfeffer würzen.
Die Preiselbeeren in eine Schüssel geben und mit Portwein und gehacktem Thymian abschmecken.

Anrichten Kaninchenkeulen auf die Teller geben und die Soße angießen. Kaninchenrücken, Kartoffel-Lauchtaler und den gebratenen Lauch ebenfalls mit auf den Tellern anrichten.

Kaninchenkeule und Kaninchenrücken mit Schwarzbrotkruste:
4 Kaninchenkeulen
300 g Röstgemüse (Sellerie, Möhre, Lauch, Zwiebel)
200 ml Rotwein
600 ml Kalbsfond aus dem Glas
4 Kaninchenrückenfilets
100 g Butter
2 Scheiben Schwarzbrot
50 g Semmelbrösel
1 Zweig Thymian

Kartoffel-Lauchtaler:
400 g Kartoffeln
200 g Lauch
1 Ei
1 EL Mehl
1 EL Haferflocken

Gebratener Lauch:
1 Stange Lauch
20 g Butter

Preiselbeeren:
200 g Preiselbeeren a.d. Glas
2 EL Portwein
1 Zweig Thymian

Weitere Zutaten:
Salz, Pfeffer, Muskat
Sonnenblumenöl
Speisestärke

Sülze mit Tomaten-Brot-Salat
und Gewürzgurkenschaum

800 g Sülze

Tomaten-Brot-Salat:
6 Scheiben Roggenbrot
4 große Strauchtomaten
1 kleine Zwiebel
30 g Butter
Blattpetersilie
3 EL Olivenöl
2 EL weißer Balsamicoessig

Gewürzgurkenschaum:
6 Gewürzgurken
100 ml Gewürzgurkensaft aus dem Glas
200 ml Sahne
1 kleine Zwiebel

Weitere Zutaten:
Salz, Pfeffer, Zucker
Speisestärke

Zubereitung Die Brotscheiben und die Zwiebel in Würfel schneiden und in der Butter bei mittlerer Hitze anbraten, bis die Brotwürfel braun und knusprig sind. Die gehackte Petersilie dazugeben und alles mit Salz, Zucker, Pfeffer, Balsamicoessig und Olivenöl abschmecken. Dann die Tomaten in Würfel schneiden und mit zu dem Brotsalat geben.
Zwei der Gewürzgurken in feine Würfel schneiden und auf 4 Gläser verteilen. Die restlichen Gewürzgurken grob zerkleinern und zusammen mit den fein gehackten Zwiebeln in der Sahne aufkochen lassen.
Den Gewürzgurkensaft hinzugeben und alles sehr fein pürieren.
Zum Schluss alles mit Speisestärke leicht andicken und durch ein Sieb geben. Die Flüssigkeit in eine Espumaflasche geben und 2 Gaskapseln hinzufügen. Die Flasche für eine Stunde in den Kühlschrank geben.

Anrichten Die Sülze in gleichmäßige Scheiben schneiden und auf die Teller legen. Den Brotsalat in separate Schüsseln geben und den Schaum in die Gläser mit den Gurkenwürfeln spritzen.

Sülze
Tomate
Gurke

Rinderwurst

Gebratene Rinderwurst

mit Kartoffel-Spitzkohl-Roulade, gebratenem Spitzkohl, Buttermöhren und Möhrenstroh

Zubereitung Die Rinderwurst in 8 gleichmäßige Scheiben schneiden, in Mehl wenden und in der Pfanne von beiden Seiten anbraten.
Die Außenblätter vom Spitzkohl abtrennen und im Salzwasser 2 Minuten lang blanchieren. Die Blätter zur Seite legen und den Rest des Spitzkohls in feine Streifen schneiden.
Die gegarten, erkalteten Kartoffeln durch eine Presse geben und mit dem Mehl, Salz und Muskat vermischen. Die weiche Butter mit dem Eigelb verrühren, zu den Kartoffeln geben und alles gut verkneten. Dann die Kartoffelmasse ca. 0,5 cm dick ausrollen und die Spitzkohlblätter darauf auslegen. Jetzt die Kartoffelmasse mit den Spitzkohlblättern zusammenrollen und in der Klarsichtfolie einwickeln.
Das Ganze mit Alufolie umwickeln und für 45 Minuten in ca. 90 °C heißes Wasser legen. Dann die Rolle aus der Folie auspacken, in Scheiben schneiden und in der Pfanne von beiden Seiten anbraten.
Die fein gehackten Zwiebeln mit dem gewürfelten Speck in einer Pfanne anschwitzen und die Spitzkohlstreifen dazugeben. Den Spitzkohl mit Salz, Pfeffer und Muskat abschmecken und so lange braten, bis er gar ist.
Die Möhren schälen und 2/3 davon in gleichmäßige Scheiben schneiden und in einen Topf mit jeweils 2 Prisen Salz und Zucker geben. Die Möhren 20 Minuten stehen lassen, bis sie Wasser gezogen haben. 1 EL Wasser hinzugeben und die Möhren bei geschlossenem Topf etwa 10 Minuten kochen lassen. Die Möhren sind gar, wenn das ganze Wasser verdampft ist. Zum Schluss die Butter zu den Möhren geben. Die restlichen Möhren in feine Streifen schneiden und im Sonnenblumenöl gold-gelb ausbacken. Dann das Möhrenstroh auf ein Küchenpapier geben und leicht mit Salz würzen.

Anrichten Die Rinderwurstscheiben auf die Teller verteilen und das Möhrenstroh drauflegen. Mit Hilfe von 2 Esslöffeln den Spitzkohl zu einer Nocke formen. Kartoffel-Spitzkohl-Roulade und Buttermöhren neben die Rinderwurst legen.
Mein Tipp Die Kartoffel-Spitzkohl-Roulade hält sich im Kühlschrank mindestens 3 Tage. Dafür sollte sie allerdings in der Klarsichtfolie eingewickelt bleiben. Es kann auch anderes Gemüse wie Mangold oder Spinat in der Kartoffelroulade verarbeitet werden.

800 g Rinderwurst

Kartoffel-Spitzkohl-Roulade und gebratener Spitzkohl:
450 g Kartoffeln (festkochend)
225 g Mehl
60 g Butter
2 Eigelb
1 Kopf Spitzkohl
1 kleine Zwiebel
100 g durchwachsener Speck

Buttermöhren und Möhrenstroh:
600 g Möhren
30 g Butter

Weitere Zutaten:
Salz, Pfeffer, Muskat
Zucker
Mehl
Sonnenblumenöl

Eierbacken 2.0

Gebackenes Ei mit Schweinebauch, Tomatenchutney und geröstetem Bauernbrot

Gebackenes Ei:
5 Eier
2 EL Milch
Mehl
Semmelbrösel (zum Panieren)
800 g Schweinebauch
4 Scheiben Bauernbrot

Tomatenchutney:
4 große Strauchtomaten
1 kleine Zwiebel
1 Knoblauchzehe
1 Zweig Oregano
2 EL Tomatenmark
100 ml Rotwein

Weitere Zutaten:
Salz, Pfeffer, Zucker
Sonnenblumenöl
Olivenöl

Zubereitung 4 der 5 Eier für etwa 3 Minuten kochen, abschrecken und vorsichtig pellen. Das übrig gebliebene Ei mit der Milch verrühren. Erst die weich gekochten Eier in Mehl, dann in dem Ei-Milch-Gemisch und anschließend in Paniermehl wenden und im Sonnenblumenöl frittieren, bis sie braun sind.
Den Backofen auf 140 °C Umluft vorheizen. Den Schweinebauch von allen Seiten mit Salz und Pfeffer würzen und für 2 Stunden in den Backofen schieben.
Das Bauernbrot in gleichmäßige Stücke schneiden und im Sonnenblumenöl braten, bis es braun und knusprig ist.
Zwiebel in feine Würfel schneiden, Knoblauch hacken, beides in Olivenöl anschwitzen und die gewürfelten Tomaten dazugeben. Dann mit Rotwein ablöschen und das Tomatenmark ebenfalls dazugeben. Alles eine halbe Stunde bei kleiner Hitze köcheln lassen und zum Schluss mit Salz, Pfeffer, Zucker und gehacktem Oregano abschmecken.

Anrichten Besonders schön wirkt das Gericht, wenn Sie alle Komponenten in einer rustikalen, gusseisernen Pfanne anrichten.
Mein Tipp Das Tomatenchutney kann am Vortag vorbereitet werden. Sie können es dann entweder wieder erwärmen oder auch kalt verwenden.

Eierbacken

Hähnchen-brust

Gebratene Hähnchenbrust
mit Aprikosen-Thymian-Ragout und Steinpilzbrot

Zubereitung Die Hähnchenbrust mit Salz und Pfeffer würzen und in einer Pfanne von beiden Seiten in Sonnenblumenöl anbraten. Die Hähnchenbrust anschließend für 30 Minuten bei 90 °C Umluft in den Ofen geben.
Die Aprikosen waschen, halbieren, den Kern entfernen und in feine Würfel schneiden. Den Orangensaft mit Zucker und einer Prise Salz zum Kochen bringen und auf die Hälfte reduzieren lassen. Etwas Speisestärke mit Wasser verrühren und den Saft damit abbinden. Die Aprikosenwürfel und den gehackten Thymian mit hinzugeben. Das Ragout nicht mehr weiter kochen lassen.
Den Backofen auf 180 °C Umluft vorheizen. Die Steinpilze säubern, in ca.1 cm große Würfel schneiden und in einer Pfanne kräftig anbraten. Dann die Pilze mit Salz und Pfeffer würzen und aus der Pfanne nehmen. Die beiden Mehlsorten miteinander vermischen und die Hefe in das Mehl bröseln. Dann 2 Prisen Salz, 1 Prise Zucker, lauwarmes Wasser, den gehackten Thymian und die gebratenen Pilze mit dazugeben und alles miteinander verkneten. Den Teig für 1 Stunde an einem warmen Ort aufgehen lassen, anschließend in eine Backform geben und für 30 Minuten backen.

Anrichten Die Hähnchenbrust auf einen Teller geben und mit zwei Esslöffeln aus dem Ragout eine Nocke formen. Das Brot in Scheiben schneiden und separat reichen.
Mein Tipp Wenn keine Steinpilzzeit ist, können alle anderen Pilzsorten oder auch andere Zutaten wie Nüsse oder getrocknete Früchte verwendet werden. Das Brot kann am Vortag gebacken werden. Es sollte vor dem Servieren im Backofen kurz erwärmt werden. Dann schmeckt es besser.

4 Hähnchenbrüste mit Knochen

Aprikosen-Thymian-Ragout:
8 Stk. Aprikosen
100 ml Orangensaft
1 Zweig Thymian

Steinpilzbrot:
300 g frische Steinpilze
200 g Mehl
175 g Vollkornmehl
12 g frische Hefe
2 Prisen Salz
300 ml lauwarmes Wasser
1 Zweig Thymian

Weitere Zutaten:
Salz, Pfeffer, Zucker
Sonnenblumenöl
Speisestärke

Pfefferpotthast 2.0

Roastbeef mit Kapern-Zitronen-Soße, roter Zwiebelmarmelade und Potthucke

1,2 kg Roastbeef:
Wosbergs Zitronenpfeffer

Kapern-Zitronen-Soße:
200 ml Geflügelfond aus dem Glas
100 ml Sahne
100 g Kapern
8 Kapernäpfel
1 Zitrone (ungespritzt)

Rote Zwiebelmarmelade:
8 rote Zwiebeln
200 ml Rotwein
100 ml dunkler Balsamicoessig
100 g Johannisbeergelee
1 Zweig Rosmarin

Potthucke:
400 g rohe Kartoffeln
200 g gekochte Kartoffeln (festkochend)
120 ml Sahne
2 Eier
50 g durchwachsener Speck
1 kleines Bund Schnittlauch
Semmelbrösel

Weitere Zutaten:
Salz, Pfeffer, Zucker, Muskat
Sonnenblumenöl
Speisestärke

Zubereitung Den Backofen auf 130 °C Umluft vorheizen. Das Roastbeef von Fett und Sehnen befreien, in einer Pfanne in Sonnenblumenöl rundherum anbraten und 20 bis 25 Minuten in den Backofen geben. Das Roastbeef ist rosa gebraten, wenn es eine Kerntemperatur von 52 °C hat. Anschließend das Fleisch mit Salz und Wosbergs Zitronenpfeffer würzen.
Den Geflügelfond und die Sahne aufkochen, die Hälfte der Kapern hinzugeben und mit einem Stabmixer aufmixen. Die Soße durch ein Sieb geben, mit Zitronensaft, Zitronenabrieb und Salz abschmecken.
Die Speisestärke mit Wasser verrühren und die Soße leicht andicken.
Den Rest der Kapern in die Soße geben.
Die roten Zwiebeln in feine Scheiben schneiden, im Sonnenblumenöl anschwitzen, mit Rotwein und Balsamicoessig ablöschen und 10 Minuten bei schwacher Hitze köcheln lassen. Das Johannisbeergelee und den gehackten Rosmarin hinzugeben und mit Salz, Pfeffer und Zucker abschmecken.
Die gekochten, kalten Kartoffeln mit einer Kartoffelpresse in eine Schüssel pressen und die rohen Kartoffeln mit einer Reibe dazureiben. Eier und Sahne hinzugeben und mit Salz, Pfeffer und Muskat abschmecken.
Den Speck fein würfeln, in einer Pfanne auslassen, zu der Kartoffelmasse geben und alles miteinander verrühren.
Einen Topf ausfetten und mit Semmelbrösel bestreuen, damit nichts am Topf kleben bleibt. Die Masse einfüllen und bei 200 °C Umluft für 45 Minuten in den Ofen geben. Danach etwas abkühlen lassen, stürzen, in Scheiben schneiden und in einer Pfanne von beiden Seiten anbraten.

Anrichten Das Roastbeef in Würfel schneiden und auf die Teller verteilen. Die Zitronen-Kapern-Soße angießen und die Kapernäpfel und etwas Zitronenabrieb dazugeben. Die Zwiebelmarmelade mit zwei Esslöffeln zu einer Nocke formen und die gebratene Potthucke ebenfalls auf den Teller geben.
Mein Tipp Die Potthucke kann man am Vortag vorbereiten. Sie kann dann vor dem Servieren frisch gebraten werden.

Pfeffer-
potthast

Bäckchen und Filet

Zweierlei vom Hausschwein

Schweinebäckchen in Rotweinsoße und Schweinefilet mit Backpflaumenfüllung, Stielmus und Kartoffelstampf

Zubereitung Den Backofen auf 150 °C Umluft vorheizen. Das Röstgemüse putzen und in 2 cm große Würfel schneiden. Die Schweinebäckchen von Fett und Sehnen befreien, mit Salz und Pfeffer würzen, in einem Bräter in Sonnenblumenöl anbraten und das Röstgemüse ebenfalls in den Bräter geben. Tomatenmark dazugeben, etwa 2 Minuten mit anrösten und dann alles mit der Hälfte des Rotweins ablöschen. Den Kalbsfond angießen und alles für 90 Minuten in den Ofen geben.
Die Schweinefilets von Fett und Sehnen befreien und mit dem Stiel von einem Holzlöffel längst durchbohren. Das dabei entstandene Loch mit den Bachpflaumen füllen. Das gefüllte Schweinefilet mit Salz und Pfeffer würzen und in einer Pfanne im Sonnenblumenöl anbraten. 15 Minuten, bevor die Schweinebäckchen fertig sind, das Schweinefilet mit in den Ofen geben.
Die Schweinebäckchen aus dem Bräter nehmen und die Soße durch ein Sieb geben. Speisestärke mit Wasser anrühren, die Soße damit leicht andicken und mit dem restlichen Rotwein, Salz und Pfeffer abschmecken.
Das Stielmus in feine Streifen schneiden, im Salzwasser blanchieren, auf ein Sieb schütten und mit kaltem Wasser abschrecken. Die Zwiebeln in feine Würfel schneiden, in der Butter anschwitzen und das Stielmus hinzugeben. Alles mit Salz, Pfeffer und Muskat abschmecken.
Die Kartoffeln schälen und im Salzwasser kochen. Dann die Kartoffeln mit einem Stampfer zerkleinern und Milch und Butter hinzugeben. Das Kartoffelstampf mit Salz und Muskat abschmecken.

Anrichten Kartoffelstampf auf die Teller geben, die Schweinebäckchen darauflegen und die Soße angießen. Das Schweinefilet in Scheiben schneiden und das Stielmus in einem Ring anrichten.

Schweinebäckchen in Rotweinsoße:
8 Schweinebäckchen
400 g Röstgemüse
(je 100 g Möhre, Lauch, Sellerie, Zwiebel)
2 EL Tomatenmark
300 ml Rotwein
400 ml Kalbsfond a. d. Glas
Sonnenblumenöl

Schweinefilet mit Backpflaumenfüllung:
2 Schweinefilets
100 g Backpflaumen

Stielmus:
600 g Stielmus
1 kleine Zwiebel
50 g Butter

Kartoffelstampf:
600 g Kartoffeln
50 g Butter
100 ml Sahne

Weitere Zutaten:
Salz, Pfeffer, Muskat
Speisestärke

Geschmorte Rinderbacke

mit Landbiersoße, Petersilienwurzelgemüse und Bouillonkartoffeln

Geschmorte Rinderbacke mit Landbiersoße:
4 Rinderbacken
400 g Röstgemüse (je 100 g Möhre, Lauch, Sellerie, Zwiebel)
600 ml Kalbsfond a. d. Glas
330 ml Landbier

Petersilienwurzelgemüse:
600 g Petersilienwurzel
50 g Butter
1 kleine Zwiebel
100 ml Sahne
1 kleines Bund Petersilie

Bouillonkartoffeln:
600 g Kartoffeln (festkochend)
1 Möhre
600 ml kräftige Fleischbrühe (siehe Rezept S. 12)
1 kleines Bund Schnittlauch

Weitere Zutaten:
Salz, Pfeffer, Muskat
Sonnenblumenöl
Speisestärke

Zubereitung Den Backofen auf 150 °C Umluft vorheizen. Das Röstgemüse putzen und in ca. 2 cm große Stücke schneiden. Die Rinderbacken von Fett und Sehnen befreien, mit Salz und Pfeffer würzen und in einem Bräter im Sonnenblumenöl anbraten. Dann das Röstgemüse mit anbraten und alles mit der Hälfte vom Landbier ablöschen. Den Kalbsfond angießen und den Bräter mit Deckel für 2 Stunden in den Ofen geben. Die Rinderbacken aus dem Ofen nehmen und die Soße durch ein Sieb geben. Speisestärke mit Wasser verrühren und die Soße damit leicht andicken. Mit Salz, Pfeffer und dem restlichen Landbier abschmecken.
Die Petersilienwurzeln schälen, in feine Würfel schneiden und im Salzwasser 3 Minuten kochen lassen. Die Zwiebel in Würfel schneiden und in der Butter anschwitzen. Die Petersilienwurzel und die Sahne hinzugeben und einmal aufkochen lassen. Die gehackte Petersilie dazugeben und alles mit Salz abschmecken.
Die Kartoffeln schälen und in 1 cm große Würfel schneiden. Dann die Kartoffeln in der Fleischbrühe 20 Minuten bei kleiner Hitze kochen lassen. Die Möhre schälen, in feine Streifen schneiden, zu den Kartoffeln geben und alles zusammen 10 Minuten weiterkochen lassen. Den Schnittlauch fein schneiden, zu den Bouillonkartoffeln geben und alles mit Salz und Muskat abschmecken.

Anrichten Die Rinderbacken in Scheiben schneiden, auf die Teller geben und die Landbiersoße angießen. Das Petersilienwurzelgemüse daneben anrichten und die Bouillonkartoffeln in einer separaten Schüssel servieren.

Rinderbacke

Wildbret fasziniert so manchen Gourmet. Viele Feinschmecker schwören mittlerweile auch auf Sikafleisch. Das aus Südostasien stammende Sikawild hat sich nach dem Ende des Zweiten Weltkriegs aus einem Gatter in der Nähe des Möhnesees über den ganzen Arnsberger Wald ausgebreitet. Das Fleisch begeistert mit seinem aromatischen Geschmack – etwa beim Sikahirschburger.

04 AUS DEM WALD

Maibockrücken unter der Kaffeekruste
Wildschweinkeule
Sikahirschburger
Geschmorte Rehkeule

Maibock
und

Maibockrücken unter der Kaffeekruste

mit Haselnusssoße, Kartoffel-Nuss-Plätzchen und Spargel

Zubereitung Das Röstgemüse putzen und in etwa 2 cm große Stücke schneiden. Den Maibockrücken vom Knochen lösen und von Fett und Sehnen befreien. Die Knochen grob hacken und zusammen mit den Fleischabschnitten in einem Bräter kräftig im Sonnenblumenöl anbraten. Das Röstgemüse mit hinzugeben, die Gewürze mit anbraten, alles mit Rotwein ablöschen und mit dem Kalbsfond auffüllen. Die Soße 2 Stunden bei kleiner Hitze köcheln lassen und durch ein Sieb geben. Die Speisstärke mit Wasser verrühren und die Soße leicht andicken. Die ganzen Haselnüsse und die gemahlenen Nüsse nacheinander in einer Pfanne anrösten und mit zu der Soße geben.

Für die Kaffeekruste die Kaffeebohnen zusammen mit der Butter langsam erhitzen, bis sich die Butter komplett aufgelöst hat. Dann die Butter vom Herd nehmen und wenn sie Zimmertemperatur erreicht hat, die Kaffeebohnen entfernen. Zum Schluss die Semmelbrösel hinzugeben und alles mit Salz abschmecken.

Den Maibockrücken in 4 gleich große Stücke schneiden, mit Salz und Pfeffer würzen und in einer Pfanne von allen Seiten anbraten. Dann den Rücken auf einem Backblech bei 120 °C Umluft für 10 Minuten in den Ofen geben. Die Kruste auf dem Maibockrücken verteilen, beim Ofen die Grillfunktion einstellen und das Backblech auf der obersten Schiene in den Backofen geben. Nach 1 bis 2 Minuten ist die Kruste braun und der Maibockrücken kann aus dem Ofen genommen werden.

Die gekochten Kartoffeln durch eine Kartoffelpresse drücken, die gehackten Haselnüsse in einer Pfanne anrösten, zur Kartoffelmasse geben und mit den restlichen Zutaten vermengen. Alles mit Salz abschmecken, die Masse zu einer Rolle formen und ca. 1 Stunde kaltstellen. Dann die Rolle in 2 cm dicke Stücke schneiden und in der Pfanne von beiden Seiten anbraten.

Wasser zum Kochen bringen, Butter hinzugeben und kräftig mit Salz und Zucker abschmecken. Den Spargel schälen und in dem Wasser etwa 10 Minuten kochen lassen. Der weiße Spargel braucht etwas länger als der grüne.

Anrichten Die Soße auf die Teller gießen und den Maibockrücken darauflegen. Die Kartoffel-Nuss-Plätzchen und den Spargel neben den Maibockrücken legen.

Mein Tipp Anstatt Maibockrücken kann auch Rehrücken verarbeitet werden.

Maibockrücken mit Haselnusssoße:
1,4 kg Maibockrücken mit Knochen
400 g Röstgemüse (je 100 g Sellerie, Möhre, Lauch, Zwiebel)
200 ml Rotwein
600 g Kalbsfond a. d. Glas
2 Wacholderbeeren
2 Nelken
2 Lorbeerblätter
100 g ganze Haselnüsse
50 g gemahlene Haselnüsse

Kaffeekruste:
80 g Butter
30 g Semmelbrösel
2 EL Kaffeebohnen

Kartoffel-Nuss-Plätzchen:
600 g Kartoffeln
100 g gehackte Haselnüsse
2 Eigelb
3 TL Speisestärke

Spargel:
12 Stangen weißer Spargel
12 Stangen grüner Spargel
50 g Butter

Weitere Zutaten:
Salz, Pfeffer Zucker
Sonnenblumenöl
Speisestärke

Wildschweinkeule

mit Blaubeersoße, Kartoffel-Mais-Bällchen und Speckwirsing

Wildschweinkeule mit Blaubeersoße:
1 Wildschweinkeule mit Knochen (ca. 1,5 kg)
400 g Röstgemüse (je 100 g Sellerie, Möhre, Zwiebel, Lauch)
je 2 Wacholderbeeren, Nelken, Lorbeerblätter
200 ml Rotwein
600 ml Kalbsfond a. d. Glas
100 g Blaubeeren
2 EL Blaubeergelee

Kartoffel-Mais-Bällchen:
600 g festkochende Kartoffeln
100 g gerösteter und gesalzener Mais
3 St. Eigelb
3Tl. Speisestärke
2 EL Milch
Mehl, Semmelbrösel (zum Panieren)

Speckwirsing:
500 g Wirsing
1 kleine Zwiebel
200 g durchwachsener Speck
50 g Butter

Weitere Zutaten:
Salz, Pfeffer, Muskat
Sonnenblumenöl
Speisestärke

Zubereitung Den Backofen auf 140 °C Umluft vorheizen. Das Röstgemüse putzen und in 2 cm große Stücke schneiden. Die Wildschweinkeule mit Salz und Pfeffer rundherum würzen und von allen Seiten scharf in einem Bräter im Sonnenblumenöl anbraten. Das Röstgemüse und die Gewürze hinzugeben und mit anbraten. Alles mit Rotwein ablöschen und den Kalbsfond angießen. Den Deckel auf den Bräter geben und die Wildschweinkeule für 2,5 Stunden in den Ofen geben. Dann die Soße durch ein Sieb geben, die Speisestärke mit Wasser verrühren und die Soße damit leicht andicken. Die Soße mit Salz, Pfeffer und dem Blaubeergelee abschmecken und die Blaubeeren mit in die Soße geben.
Die Kartoffeln schälen, in Salzwasser kochen und durch eine Kartoffelpresse drücken. Den Mais mit einem Messer grob zerkleinern und zu den Kartoffeln geben. 2 von den 3 Eigelb und 3 TL Speisestärke mit hinzugeben und alles mit Salz, Pfeffer und Muskat abschmecken.
Die Kartoffel-Mais-Masse zu gleichmäßigen Bällchen formen, das 3. Eigelb mit der Milch verschlagen. Jetzt die Bällchen erst in Mehl, dann in dem Eigelb-Milch-Gemisch und anschließend in Semmelbrösel wenden und im Sonnenblumenöl frittieren, bis sie braun sind.
Den Wirsing in feine Streifen schneiden und im Salzwasser kurz blanchieren. Zwiebelwürfel und Speck in einer Pfanne mit Butter auslassen und den Wirsing hinzugeben. Alles mit Salz, Pfeffer und Muskat abschmecken.

Anrichten Die Wildschweinkeule in Scheiben schneiden und auf die Teller legen, die Blaubeersoße angießen und die Maisbällchen danebenlegen. Den Wirsing in einem Ring anrichten.

Wildschwein und Blaubeer

Sikahirsch-burger

Sikahirschburger

mit Kürbiskernbrötchen und Preiselbeermayonnaise

Zubereitung Rosmarin hacken, Zwiebel und Knoblauch in feine Würfel schneiden, mit den restlichen Zutaten zu dem Hackfleisch geben und mit Salz und Pfeffer würzen. 4 gleich große Kugeln formen, diese auf etwa 1 cm platt drücken und in der Pfanne von beiden Seiten in Sonnenblumenöl braten, bis sie gar sind.
Die Kürbiskerne ohne Fett in einer Pfanne anrösten und grob hacken. Für die Buns warmes Wasser und die Milch in eine Schüssel geben, den Zucker und die gebröselte Hefe dazugeben und 10 Minuten gehen lassen. Die gehackten Kürbiskerne und die restlichen Zutaten dazugeben und mit Knethaken oder einer Küchenmaschine gut verkneten. Den Teig an einem warmen Ort 1 Stunde gehen lassen. Dann den Teig in 4 gleichmäßige Buns formen und nochmal 20 Minuten gehen lassen. Die Buns für 20 Minuten bei 200 °C Umluft in den Ofen geben.
Für die Mayonnaise ist es wichtig, dass alle Zutaten direkt aus dem Kühlschrank kommen und kalt verarbeitet werden. Milch, Senf, Eigelb und Preiselbeeren in ein hohes, schmales Gefäß geben und mit einem Stabmixer pürieren. Das Öl langsam hinzugeben, während der Stabmixer auf maximaler Stufe läuft. Die Mayonnaise so lange mixen, bis sie dickflüssig ist. Dann alles mit Salz, Pfeffer und Zucker abschmecken. Den Speck in der Pfanne ohne Fett kross anbraten.

Anrichten Die Buns aufschneiden und beide Schnittseiten mit der Preiselbeermayonnaise bestreichen. Pattys, Blattsalat, Tomatenscheiben, Speck und Rucola darauflegen und alles mit der Oberseite der Buns bedecken.

Sikahirschburger (Pattys):
400 g Sikahirschgehacktes
1 kleine Zwiebel
1 Knoblauchzehe
1 Ei
40 g Semmelbrösel
1 Zweig Rosmarin
Msp. gemahlene Nelken

Kürbiskernbrötchen (Buns):
100 ml warmes Wasser
2 EL Milch
10 g frische Hefe
20 g Zucker
1 Prise Salz
20 g weiche Butter
30 ml Kürbiskernöl
250 g Mehl
1 Ei
50 g Kürbiskerne

Preiselbeermayonnaise:
150 ml Milch
1 EL Senf
300 ml Sonnenblumenöl
2 Eigelb
3 EL Preiselbeeren

Weitere Zutaten:
1 Tomate
4 Blätter Blattsalat
Rucola
8 Scheiben Speck
Salz, Pfeffer
Sonnenblumenöl

Geschmorte Rehkeule

mit Preiselbeersoße, Rotkohl und Kartoffel-Buchecker-Klößen

Rehkeule mit Preiselbeersoße:
1 Rehkeule mit Knochen (ca. 1,5 kg)
400 g Röstgemüse (je 100 g Sellerie, Möhre, Zwiebel, Lauch)
je 2 Wacholderbeeren, Nelken, Lorbeerblätter
200 ml Rotwein
600 ml Kalbsfond a. d. Glas
100 g Preiselbeeren

Rotkohl:
1 Kopf Rotkohl
2 EL Gänseschmalz
1 Zwiebel
2 Äpfel
4 EL Apfelessig
100 ml Rotwein
1 Prise Nelke
1 Prise Zimt

Kartoffel-Buchecker-Klöße:
450 g gegarte, kalte Kartoffeln (festkochend)
250 g Mehl
60 g Butter
2 Eigelb
100 g Bucheckern aus dem Wald

Weitere Zutaten:
Salz, Pfeffer, Zucker, Muskat
Sonnenblumenöl
Speisestärke

Zubereitung Den Backofen auf 140 °C Umluft vorheizen. Das Röstgemüse putzen und in ca. 2 cm große Stücke schneiden. Die Rehkeule mit Salz und Pfeffer würzen und in einem Bräter von allen Seiten in Sonnenblumenöl scharf anbraten. Dann das Röstgemüse und die Gewürze hinzugeben und mit anrösten. Alles mit Rotwein ablöschen und den Kalbsfond angießen. Den Bräter mit Deckel für 2 Stunden in den Ofen geben. Die Soße durch ein Sieb geben, die Speisestärke mit Wasser verrühren und die Soße damit leicht andicken. Zum Schluss die Soße mit Salz, Pfeffer und den Preiselbeeren abschmecken.

Den Rotkohl und die Zwiebel mit der Küchenmaschine oder einem Hobel in feine Streifen schneiden. Äpfel schälen, grob würfeln und zum Rotkohl geben. Die restlichen Zutaten sowie Salz und Zucker mit hinzugeben, alles kräftig durchkneten und 1 Stunde ziehen lassen. Zum Rotkohl 200 ml Wasser geben und 45 Minuten im geschlossenen Topf bei kleiner Hitze köcheln lassen. Mit Speisestärke leicht andicken und mit Salz und Zucker abschmecken.

Die Bucheckern aus der Schale knacken, in einer Pfanne ohne Fett anrösten und mit einem Messer fein hacken.

Kartoffeln kochen, pellen, durch eine Presse geben und im Kühlschrank vollständig auskühlen lassen.

Kartoffelmasse, Mehl, Muskat und Salz gut vermengen. Eigelb mit der weichen Butter verrühren und mit den Bucheckern unter die Masse kneten. Kleine Klöße formen und diese im Salzwasser aufkochen lassen. Wenn sie an der Oberfläche schwimmen, die Hitze reduzieren und 10 Minuten im heißen Wasser ziehen lassen.

Anrichten Den Rotkohl mit Hilfe eines Ringes auf Tellern anrichten, Rehkeule in Scheiben schneiden, dazugeben, Soße angießen und mit den Knödeln servieren.

Mein Tipp Wenn es im Wald keine Bucheckern gibt, können diese mit jeder Art von Nüssen ausgetauscht werden.

Rehkeule

Etwas Süßes aus dem Garten passt immer noch hintendrauf. Vor allem wenn es vorher sauerländisch deftig zugegangen ist. Gut, dass wir mit Äpfeln, Beeren und Kirschen gesegnet sind. Kombiniert mit einer süßen Milchspeise oder bitteren Schokolade wird jedes Mahl schön abgerundet.

05 DESSERTS

Herrencreme
neu interpretiert

Vanillecreme:
1 Vanilleschote
250 ml Milch
50 g Zucker
2 Eigelb
15 g Speisestärke
100 ml Sahne

Schokoladenparfait:
300 g Zartbitterschokolade
1 Eigelb
80 g Zucker
10 g Kakaopulver
2 EL Rum
200 ml Sahne

Schokoladen-Butter-Karamell:
50 g Zucker
50 ml Wasser
20 g Butter
100 g Schokolade

Rumschaum:
100 ml Milch
100 ml Sahne
4 EL Rum
40 g Zucker
10 g Speisestärke

Zubereitung Die Vanilleschote der Länge nach halbieren und das Mark herauskratzen. Das Mark und die Schote mit der Milch zum Kochen bringen. Danach die Milch vom Herd nehmen. Eigelb und Zucker kräftig aufschlagen, bis sich der Zucker komplett aufgelöst hat. Speisestärke mit dazugeben, alles gut verrühren und nach und nach zu der Milch geben. Jetzt alles zusammen unter ständigem Rühren nochmal aufkochen lassen. Die Vanilleschote entfernen und Klarsichtfolie direkt auf die Vanillecreme legen, damit sich keine Haut bilden kann. Die Creme für eine Stunde in den Kühlschrank stellen. Anschließend Sahne schlagen und mit einem Schneebesen unter die Creme rühren.
Die Schokolade grob hacken und im Wasserbad zum Schmelzen bringen. Halbkugelformen aus Silikon mit der Schokolade einpinseln und in den Kühlschrank stellen. Eigelb und Zucker in einer Metallschüssel verrühren, bis sich der Zucker komplett aufgelöst hat. Die Masse über dem Wasserbad aufschlagen, bis sich das Volumen verdoppelt hat und die Masse fester wird. Dabei darf sie nicht zu heiß werden, sonst gerinnt das Eigelb. Die Schüssel vom Wasserbad nehmen und in kaltes Wasser stellen, damit die Masse abkühlen kann. Den Rest der geschmolzenen Schokolade, Kakaopulver und Rum mit dazugeben und verrühren. Die geschlagene Sahne langsam unterheben. Die Parfait-Masse in die vorbereiteten Silikonformen geben und für 8 Stunden einfrieren.
Wasser und Zucker so lange kochen lassen, bis der Zucker anfängt zu karamellisieren. Den Topf vom Herd nehmen, etwas abkühlen lassen und Butter und gehackte Schokolade hinzugeben. Die warme Masse portionsweise auf ein Backpapier geben, mit einem Esslöffel verstreichen und auskühlen lassen, bis sie fest ist.
Milch, Sahne, Zucker und Speisestärke miteinander verrühren und langsam auf dem Herd zum Kochen bringen. Den Rum hinzugeben, alles in eine Espumaflasche füllen, 2 Gaskapseln einfüllen und die Flasche für eine Stunde kaltstellen.

Anrichten Die Vanillecreme auf die Teller geben und das Parfait daraufsetzen. Den Rumschaum aufspritzen und das Schokoladen-Butter-Karamell hineinstecken.

Herrencreme

Milchreis und Holunder

Milchreisnocken mit Holunderblütensuppe
und Waldbeeren

Zubereitung Den Milchreis nach der Gebrauchsanweisung zubereiten und kaltstellen. Den kalten Milchreis mit Hilfe von zwei Esslöffeln in Nocken formen, mit dem Rohrzucker bestreuen und diesen mit einem Flambierer karamellisieren.
Die Vanilleschote halbieren und das Mark herauskratzen. Holunderblütensirup und Weißwein mit der Schote und dem Mark aufkochen lassen. Ein paar Minzblätter für die Garnierung zur Seite legen und den Rest der Minze mit aufkochen lassen. Die Suppe vom Herd nehmen, auskühlen lassen und die Minze sowie die Schote entfernen.
Die Beeren mit Puderzucker bestreuen.

Anrichten Die Milchreisnocken und die Beeren in tiefe Teller geben, die Holunderblütensuppe angießen und mit den Minzblättern garnieren.
Mein Tipp Anstatt Holunderblütensirup kann man auch Ananas- oder Orangensaft verwenden.

Milchreisnocken:
600 g Milchreis
Rohrzucker

Holunderblütensuppe:
300 ml Holunderblütensirup
300 ml Weißwein
1 Vanilleschote
1 Zweig Minze

Weitere Zutaten:
400 g verschiedene Beeren
Puderzucker

Westfälische Quarkspeise
neu interpretiert

Quarkmousse:
400 g Quark
1 Vanilleschote
50 ml Milch
60 g Zucker
8 g Gelatinepulver
100 g Sahne

Kirschsorbet:
400 g Kirschen aus dem Glas (abgetropft)
30 g Zucker
70 ml Kirschsaft
1 EL Kirschwasser

Pumpernickelkrokant:
2 Scheiben Pumpernickel
20 g Butter
30 g Zucker
Zimt

Weitere Zutaten:
1 Zweig Minze

Zubereitung Die Vanilleschote der Länge nach halbieren, das Mark herauskratzen und zum Quark geben. Milch und Zucker hinzugeben und alles miteinander verrühren. Die Gelatine in etwas Wasser vorsichtig auf dem Herd erwärmen, bis sie sich aufgelöst hat. Vom Herd nehmen und 4 EL Quark unterrühren. Die Masse zum restlichen Quark geben und gut verrühren. Die geschlagene Sahne unterheben, die Quarkmasse in eine flache Auflaufform geben und für mindestens 2 Stunden kaltstellen.
Die Kirschen in ein Sieb geben, den Saft auffangen und 8 Stück für die Dekoration zur Seite legen. Kirschen, Saft und Zucker einmal aufkochen und pürieren. Die Sorbetmasse durch ein Sieb streichen, abkühlen lassen, Kirschwasser hinzugeben und in der Eismaschine frieren.
Im Gefrierschrank bis zum Servieren aufbewahren.
Pumpernickel mit einem Messer oder der Küchenmaschine fein hacken. Zusammen mit der Butter und dem Zucker in eine Pfanne geben und unter ständigem Rühren so lange erhitzen, bis der Zucker karamellisiert. Den Krokant aus der Pfanne nehmen und mit Zimt bestreuen.

Anrichten Die Quarkmousse rund ausstechen, mit einer Kugel Kirschsorbet, dem Pumpernickelkrokant und den Kirschen auf Tellern anrichten und mit etwas Minze garnieren.
Mein Tipp In der Kirschsaison können auch frische Kirschen verwendet werden. Eventuell muss dann etwas mehr Kirschsaft beigegeben werden.

Quarkspeise

Apfel
Mandel

Apfel und Mandel
eine Variation

Zubereitung Die Vanilleschote der Länge nach halbieren, das Mark herauskratzen und zusammen mit Rotwein, Portwein und Zucker einmal aufkochen lassen und danach den Topf vom Herd nehmen. Das Kerngehäuse des Apfels ausstechen und den Apfel mit der Schale in dünne Scheiben schneiden. Die Apfelscheiben in den noch heißen Sud geben und für 30 Minuten ziehen lassen.
Für das Eis die Äpfel schälen und mit den restlichen Zutaten aufkochen lassen und alles mit einem Stabmixer sehr fein pürieren. Die Eismasse im Kühlschrank abkühlen lassen und so lange in die Eismaschine geben, bis die gewünschte Konsistenz erreicht ist. Das Eis bis zum Servieren in den Gefrierschrank geben.
Die gehackten Mandeln mit den restlichen Zutaten 10 Minuten bei geringer Hitze kochen lassen. Alles mit einem Stabmixer fein pürieren, bis eine dickflüssige Creme entsteht.
Für die gebrannten Mandeln alle Zutaten in einen Topf geben und unter ständigem Rühren aufkochen lassen, bis das ganze Wasser verdampft ist. Sobald der Zucker anfängt zu karamellisieren, müssen die Mandeln so lange gerührt werden, bis sich eine dicke Karamellschicht um sie gebildet hat. Dann die Mandeln sofort auf ein Backpapier geben.
Die gemahlenen Mandeln in einer Pfanne bei mittlerer Hitze vorsichtig anrösten, bis sie braun werden. Das geröstete Mandelmehl in eine Schüssel geben und Puderzucker darübersieben.

Anrichten Die eingelegten Apfelscheiben auf die Teller legen und eine Kugel Apfeleis daraufgeben. Die Mandelcreme mit Hilfe eines Spritzbeutels auf den Teller spritzen und die gebrannten Mandeln darauflegen. Das geröstete Mandelmehl als kleine Häufchen mit auf die Teller verteilen.

Eingelegter Apfel:
1 Apfel
100 ml Rotwein
50 ml Portwein
30 g Zucker
1 Vanilleschote

Apfeleis:
2 Äpfel
100 ml Apfelsaft
200 ml Sahne
100 ml Milch
80 g Zucker
2 EL Calvados
Zimt

Mandelcreme:
50 g gehackte Mandeln
100 ml Milch
150 ml Sahne
60 g Zucker
2 EL Amaretto

Gebrannte Mandeln:
250 g ganze Mandeln
125 g Zucker
125 ml Wasser
Zimt

Geröstetes Mandelmehl:
100 g gemahlene Mandel
10 g Puderzucker

Das Sauerland ist groß und weit. Zwischen zwei Häusern können manchmal ein paar Quadratkilometer Wald und Wiese liegen. Schon vor langer Zeit hat es sich hier eingebürgert, dass man sich untereinander hilft und sich gegenseitig unterstützt. Betrachten Sie das folgende Kapitel als Werbung und Dank für langjährige Freundschaften und auch als Inspiration für Neuentdeckungen kulinarischer Art, die wir Ihnen nicht vorenthalten wollen. Das Sauerland entwickelt sich stetig weiter und hat viel zu bieten.

06

LIEFERANTEN & FREUNDE

Landgasthof Hoffmann
Kochschmiede Arnsberg
Riffelmanns Senfmanufaktur
Abtei Königsmünster
Sauerland Tourismus

Gasthof Hoffmann
VELTINS

Kochschule by

Ein Paradies *für guten Geschmack*

Mitten im Herzen von Arnsberg gelegen, bietet die Kochschmiede Genuss und Kochen vom Feinsten. Neugierige Genießer finden hier ebenso wie erfahrene Gourmets beste Feinkost und hervorragende Weine für den anspruchsvollen Gaumen. Auf der Suche nach regionalen und nachhaltig erzeugten Qualitätsprodukten heimischer Manufakturen findet man in Wosbergs Genusslandschaft so manche außergewöhnliche Spezialität. Mit ihrer Beratung und dem exklusiven Angebot wollen Angelika und Hans-Dietmar Wosberg Lust auf vollendete Gaumenfreuden bereiten. Die regelmäßigen Kochkurse und zahlreichen Kochevents in der hochwertigen **Sindern Küche** mit Geräten von **Gaggenau** sind willkommene Anlässe für eine inspirierende Fortbildung. Und täglich lädt ein kleiner Mittagstisch zum gemütlichen Verzehr vor Ort oder auf die Hand ein.

Kochschmiede Arnsberg

Kochschmiede

Angelika Wosberg | Neumarkt 5 | 59821 Arnsberg
info@kochschmiede-arnsberg.de | **www.kochschmiede-arnsberg.de**

Wesentlich gehört zum Leben in einem Benediktinerkloster, dass die Mönche von der Arbeit ihrer Hände leben. Ferner soll ein Benediktinerkloster so geordnet sein, dass sich dort alles Lebensnotwendige findet. Diese beiden Gedanken haben in allen Benediktinerklöstern dazu geführt, möglichst durch die eigene Handarbeit für den Lebensunterhalt zu sorgen. Dies gilt auch in der Abtei Königsmünster, die mitten in der Stadt Meschede liegt. Landwirtschaft, Gärtnerei und Apfelmosterei haben seit den ersten Tagen für lange Zeit die Selbstversorgung mit Lebensmitteln möglich gemacht. Auch wenn die Landwirtschaft und die Gärtnerei momentan weitgehend ruhen, gehört es doch zum Selbstverständnis der Mönche in Meschede, eine eigene Küche zu führen, ebenso eine Bäckerei mit Konditorei. Hinzu kommt die Herstellung von Käse sowie Wurstwaren in der eigenen Metzgerei. Die Bäckerei arbeitet ausschließlich mit selbstgemachtem Roggensauerteig. Aus den handwerklich hergestellten Brotsorten ragt das Biertreberbrot nochmals heraus: Schon der Sauerteig wird statt mit Wasser mit dunklem Bier hergestellt. Die Abtei Königsmünster hat mit der belgischen Brauerei Van Steenberge ein eigenes Abteibier neu kreiert. Zu Ehren des ersten Mönches und Priors im Kloster in Meschede heißt dieses Bier **Pater Linus Abtei Königsmünster.**
Es wird in der Abteigaststätte in Meschede und in den eigenen Läden angeboten.

A B T E I
K Ö N I G S
M Ü N S T E R
M E S C H E D E

Abtei Königsmünster

Klosterberg 11 | 59872 Meschede | Tel. 0291/2995-0
www.koenigsmuenster.de

ABTEI

Lecker deftig, herrlich süß und erfrischend kreativ

1001 Kulinarikgeschichten aus dem Sauerland

Ein saftiges Krüstchen zum Mittag, Knochenschinken zum Abendbrot, dazu ein kühles Bier. Auf den ersten Blick, so scheint es, lieben die Sauerländer ihr Essen deftig. Köstlicher Käse, der in Höhlen reift, frisch gefangene Fische aus heimischen Seen und Wild aus den großen Wäldern – das Sauerland bietet eine Vielfalt an kulinarischen Produkten. Doch in der grünen Mittelgebirgsregion kommt nicht nur Deftiges und Rustikales auf den Tisch, die Sauerländer Küche präsentiert sich durchaus offen und experimentierfreudig. Dabei wird großer Wert auf regionale Produkte gelegt, die auch mal zu leichten oder überraschend neuen Gerichten zusammengestellt werden.

Das gewisse Extra ist es auch, womit die Sauerländer Café-Landschaft aufwartet, denn die heimischen Bäcker und Konditoren sorgen nicht nur für das gemütliche Wohlfühlambiente vor prächtiger Naturkulisse, sondern haben sich auch allerhand außergewöhnliche Ideen einfallen lassen, um ihren Gästen den Café-Besuch zu versüßen. So können Besucher beispielsweise ihr selbstgebackenes Stück Torte gleich neben Kunstwerken in einer Galerie genießen, Rosen-Secco inmitten eines Blütenmeers trinken oder vor dem Kaffeegenuss ihre ganz persönliche Lieblingsbohne aussuchen. Unter dem Motto „Café und Mehr" hat Elke Holzhüter vom Sauerland-Tourismus viele Geschichten und Tourenvorschläge rund um das Thema zusammengestellt. Auch der Blick hinter die Kulissen in der Abtei Königsmünster mit Pater Werner hat Appetit auf die kreative Sauerländer Küche gemacht. Das Interview mit Pater Werner kann hier online gelesen werden: **Sauerland.com/cafeundmehr**

Sauerland in Südwestfalen

Sauerland-Tourismus

Sauerland-Tourismus e.V. | Johannes-Hummel-Weg 1 | 57392 Schmallenberg

Servicehotline: 02974/202190, täglich von 8.00 bis 20.00 Uhr

www.sauerland.com

Klaus Lürbke

von Kindesbeinen an am Herd zu Haus!

Klaus Lürbke wurde 1985 in Arnsberg im Sauerland geboren. Durch die berufliche Selbstständigkeit der Eltern stand er schon früh mit seinen vier Geschwistern am Herd, um für die Familie zu kochen. Da frisches und gutes Essen zu Hause sehr wichtig war, hat Klaus schon früh seine Liebe zum Kochen entdeckt. Die gemeinsamen Mahlzeiten mit der ganzen Familie waren immer eine inspirierende und anregende Zeit.

2002 entschloss sich der begeisterte Hobbykoch für eine Ausbildung zum Koch im Landgasthof Hoffmann in Arnsberg-Rumbeck. Dort erlernte er die Grundlagen der frischen regionalen Küche sowie die Verarbeitung der Tiere aus Hoffmanns eigener Landwirtschaft, von Wild aus den heimischen Wäldern und frischem Fisch aus den Sauerländer Flüssen und Seen.

Nach dem erfolgreichen Abschluss der Ausbildung folgte eine weitere, dreijährige Ausbildung zum Diätologen im St.-Franziskus-Hospital in Münster. Dort lernte Klaus Lürbke, wie wichtig und einflussreich gute Lebensmittel für den menschlichen Körper sind und wie dienlich sie der Gesundheit sein können. Seit 2007 bildet Klaus Lürbke als zertifizierter IHK-Ausbilder im Landgasthof Hoffmann junge Köche aus. 2011 wurde er Mitglied des IHK-Prüfungsausschusses, wo er für die Zwischen- und Abschlussprüfungen verantwortlich ist sowie bei Wettbewerben für Köche beaufsichtigt und bewertet.

Mein Dank geht an ...

... meine Frau Jessica für die unglaubliche Geduld und die tatkräftige Unterstützung bei unzählig vielen Kleinigkeiten.
... meine Eltern, die mir immer den nötigen Rückhalt und ein liebevolles Zuhause gegeben haben.
... Esther für ihre kreativen Ideen und ein offenes Ohr an zahlreichen Abenden.
... Familie Hoffmann, die mir seit Jahren, beruflich und privat, eine große Unterstützung ist.
... die Brauerei C. & A. VELTINS GmbH & Co. KG in Grevenstein für ihre Unterstützung.
... die Firma steelite International Deutschland für das besondere Geschirr.

Foto: Tim Hoffmann

Niklas Thiemann

Fotodesigner

„Nur wer mit Spaß und Freude bei der Sache ist, kann wirklich Gutes leisten!" – so kam Niklas Thiemann als begeisterter Hobbykoch zur Food-Fotografie: aus Leidenschaft.

Geboren wurde er 1973 in Arnsberg. Als Sohn eines Fotografen wuchs er in Sundern im Sauerland auf. Auf den frühen Kontakt zur Fotografie folgten eine handwerkliche Ausbildung, das Abitur und anschließend ein Fotodesign-Studium an der FH Dortmund. Durch zahlreiche Assistentenjobs und Praktika bei namhaften Fotografen wurde sein fotografischer Stil geprägt. Seit 2002 ist Niklas Thiemann freischaffender Fotodesigner mit eigenem Studio im Bereich Werbefotografie mit dem Schwerpunkt Food- und Hotelfotografie.

www.niklasthiemann.de

Impressum

Kückelheim 11, 57392 Schmallenberg

Fotografie: Niklas Thiemann
www.niklasthiemann.com
Autor und Koch der Rezepte: Klaus Lürbke
Weitere Bilder: Gabi Wirth, S. 64/65 und S. 76/77

Grafikdesign: Lisa Masur
Imagetexte : Dr. Peter Kracht, Lisa Masur
Lektorat: Carina Middel, Jens Feldmann

Druck: CPI Print, Deutschland
1. Auflage November 2017
2. Auflage Dezember 2017

www.woll-verlag.de
ISBN 9-783-943-681-8-19